Impressum

Die Deutsche Bibliothek – CIP-Einheitsaufnahme

George, Dan:
Und es jubelt mein Herz/
von Häuptling Dan George.
Aus dem Engl. übers. von Herta Holle-Scherer.
– Aachen : Missio-Aktuell-Verl., 1991
ISBN 3-921626-92-7

Englischer Originaltitel:
My Heart Soars by Chief Dan George
Drawings by Helmut Hirnschall

Hancock House Publishers Ltd.
Saanichton/Canada

ISBN 3-921626-92-7

Autor
Chief Dan George

Illustrationen
Helmut Hirnschall

Deutsche Übersetzung
Herta Holle-Scherer/University of Regina

Gestaltung
Herbert Wenn/Aachen

Gesamtherstellung
Badenia/Karlsruhe

Und es jubelt mein Herz

Und es jubelt mein *Herz*

von Häuptling Dan George

AUS DEM ENGLISCHEN ÜBERSETZT VON
HERTA HOLLE-SCHERER

missio aktuell Verlag

Ich sage

D A N K

Meinem Vater!

Denn er gab mir Geschick, Standhaftigkeit
und das Wissen um meine Vergangenheit.

Meiner Mutter!

Denn sie gab mir die Liebe zum Leben
und lehrte mich, es zu achten.

Meiner Frau!

Denn sie teilte meine Last,
wenn diese meine Schritte zu verlangsamen drohte,
und blieb mir zur Seite, immer wenn wir
mit wenig Gepäck reisten.

**Meinen Kindern
und deren Kindern!**

Denn in ihren Augen sah ich mich selbst.

Das ist gut!

Meine Mutter war von einer Güte,
die alles Leben umspannte.
Sie wußte, wo ihr Platz war
und teilte gerne
alles, was sie hatte.

Das ist die Tradition
der Frauen unserer Rasse.

Die jungen Menschen
sind die Pioniere neuer Wege.
Da sie allzu vielen Versuchungen
ausgesetzt sind,
wird es für sie nicht einfach sein
zu wissen, was am besten ist.

Worte an ein Enkelkind

Der Tag mag einmal kommen,
daß Du an meiner Seite sitzen
und mich um Rat fragen willst.
Ich hoffe, dann dazusein.
Doch – weißt Du –
ich werde alt.
Es gibt keine Gewißheit,
daß das Leben hält,
was wir – besonders wir Betagten –
uns erhoffen.
Deshalb schreibe ich nieder, was ich weiß,
und eines Tages werden sich
unsere Herzen begegnen in diesen Worten,
wenn Du es geschehen läßt.

Inmitten eines Landes
ohne Stille
mußt Du einen Platz für Dich schaffen.
Die ihre Schuhe vielmal abgetragen haben
wissen, wohin sie den Fuß setzen sollen.
Doch sind's nicht deren Schuhe,
die Du tragen kannst.
Nur ihren Fußstapfen magst Du folgen,
wenn Du es geschehen läßt.

Du stammst von einer scheuen Rasse.
Die stillen Wege sind unsere Wege.
Behutsam taten wir alles von eh und je,
so wie der Bach,
der den Stein umgeht
auf seiner Suche nach dem Meer
und der im Vorbeizieh'n dem Reh begegnet.
Auch Du mußt dem Pfad
Deines eigenen Volkes folgen.
Er ist beständig und tief,
zuverlässig und ewig.
Er ist Du, wenn Du es geschehen läßt.

Du bist ein Mensch,
der wenig sein Eigen nennt,
doch besser ist es, wenig zu besitzen
von dem, was gut ist,
als zuviel von dem,
was nicht gut ist.
Dein Herz wird dies wissen,
wenn Du es geschehen läßt.

Achte auf die Tage,
wenn der Regen reichlich strömt,
in ihrem Grau
liegt verborgen der Samen für viele Gedanken.
Tief hängt der Himmel dann
und malt neue Farben
auf die Erde.

Und nach dem Regen
schüttelt das Gras die Nässe wieder ab,
aus den Bäumen steigt der Nebel hoch,
neues Licht erhellt den Himmel wieder
und spielt in den Tropfen,
die an allen Dingen hängen.

Aus Deinem Herzen neuer Frohsinn schlägt,
wenn Du es geschehen läßt.

Jeder Tag bringt eine magische Stunde.
Höre darauf!
Die Dinge raunen Dir ihre Geheimnisse zu.
Und Du wirst erkennen,
was die Kräuter mit Gutem füllt,
die Tage in Nächte verwandelt,
die Sterne kreisen läßt
und den Wechsel der Jahreszeiten bewirkt.
Wenn Du einige der weisen Wege
der Natur erkannt hast,
hüte Dich vor Selbstgefälligkeit,
denn Du kannst nicht weiser sein als die Natur.
Nur so weise kannst Du sein,
wie ein Mensch je hoffen kann zu werden,
wenn Du es geschehen läßt.

Unsere Wege sind gut,
aber nur in unserer Welt.
Wenn Du das Licht
auf des weißen Mannes Dochte magst,
lerne seine Wege,
damit Du seine Gesellschaft ertragen kannst,
doch wenn Du seine Welt betrittst,
wirst Du gehen wie ein Fremder.

Für einige Zeit
wird Verwirrung Dich quälen
wie ein häßlicher Geist.
Dann ruh Dich aus auf der heiligen Erde
und warte auf den guten Geist.
Er wird wiederkommen mit neuen Wegen
als sein Geschenk an Dich,
wenn Du es geschehen läßt.

Mach Gebrauch vom Schweigen,
das Dein Erbe ist,
und beobachte die andern.
Wenn Gier die Güte verdrängt
in eines Menschen Augen,
sieh Dich selbst in ihm,
damit Du verstehen lernst
und Dich davor bewahrst.
Verachte Du die Schwachen nicht,
das Mitleid ist's,
das stark Dich macht.

Fällt nicht der Reis
in Deinen Korb,
während Dein Atem
wegträgt die Spreu?
Gutes liegt in allen Dingen,
wenn Du es geschehen läßt.

Wenn die Stürme sich ringsum zusammenziehen
und die Augen den Horizont nicht mehr finden,
könntest Du viel verlieren.
Bleib Deiner Liebe zum Leben treu,
denn sie ist wahrhaft das Blut,
das durch Deine Adern fließt.
Im Verlauf Deiner Jahre
wirst Du viel Ruhe finden
in Deinem Herzen.
Es ist das Geschenk des Alters,
und die Farben des Herbstes
werden tief und reich sein,
wenn Du es geschehen läßt.

Wie ich jenseits der jetzigen Tage blicke,
habe ich eine Vision:
ich sehe die Gesichter meines Volkes,
die Söhne Deiner Söhne,
die Töchter Deiner Töchter,
Lachen erfüllt die Luft,
die nicht mehr gelb und schwer ist,
die Maschinen sind tot,
Stille und Schönheit
sind wieder im Land.
Die sanften Wege unserer Rasse
haben uns wieder
in vergangene Tage versetzt.
Es ist gut zu leben!
Es ist gut zu sterben!
Dies wird geschehen.

Von allen Lehren,
die wir erhalten,
ist dies die wichtigste:

Nichts gehört Dir
von dem, was da ist.

Teilen mußt Du,
was Du entnimmst.

Berühr ein Kind – es ist mein Volk.

Das Sonnenlicht hinterläßt keine Spuren im Gras.
Genauso vergehen wir, ohne Laut.

**Die Gesichter der Vergangenheit
sind wie Blätter,
die zu Boden fallen . . .**

**Sie machen die Erde reich und fett,
damit Sommer für Sommer
neue Frucht aus der Erde sprießt.**

Nicht mehr
    kann ich Dir eine Handvoll Beeren
    zum Geschenk machen,
nicht mehr
    dienen die Wurzeln, die ich grabe,
    als Medizin,
nicht mehr
    kann ich singen ein Lied
    dem Lachs zu Gefallen,
nicht mehr
    lädt die Pfeife, die ich rauche,
    andere ein, bei mir
    in Freundschaft zu sitzen,
nicht mehr
    will jemand mit mir
    zu den blauen Bergen wandern,
    um zu beten,
nicht mehr
    vertraut das Reh meinen Schritten...

Wenn Du zu den Tieren sprichst,
werden sie zu Dir sprechen
und ihr werdet euch verstehen.

Wenn Du nicht zu den Tieren sprichst,
wirst Du sie nicht verstehen,
und was Du nicht verstehst,
wirst Du fürchten.

Was man fürchtet,
vernichtet man.

Oh Erde,
für die Kraft
in meinem Herzen
dank' ich Dir.

Oh Wolke,
für das Blut
in meinem Körper
dank' ich Dir.

Oh Feuer,
für den Glanz
in meinen Augen
dank' ich Dir.

Oh Sonne,
für das Leben,
das Du mir gabst,
dank' ich Dir.

Ich bin
ein Sohn Nordamerikas

Im Verlauf meines Lebens habe ich in zwei ganz unterschiedlichen Kulturen gelebt. Ich wurde in eine Kultur hineingeboren, die in Gemeinschaftshäusern wohnte. Meines Großvaters Haus war 80 Fuß lang. Es wurde „smoke house" (Rauchhaus) genannt, und es stand unten am Strand längs der Bucht.

Alle Söhne meines Großvaters und deren Familien lebten in dieser großen Wohnstätte. Ihre Schlafräume waren durch Binsenschilfdecken voneinander getrennt, aber ein offenes Feuer in der Mitte diente allen zum Kochen. In solchen Häusern lernten die Menschen – im ganzen Stamm – miteinander zu leben, lernten, füreinander dazusein, lernten, die Rechte jedes einzelnen zu respektieren. Und die Kinder teilten die Gedankenwelt der Erwachsenen und fanden sich umgeben von Tanten und Onkeln, Vettern und Basen, die sie liebten und sie nicht bedrohten. Mein Vater wurde in solch einem Haus geboren und lernte von Kindheit an, wie man Menschen gern hat und sich bei ihnen heimisch fühlt.

Und über dieses Sich-gegenseitig-Annehmen hinaus empfand man tiefen Respekt für die einen umgebende Natur. Mein Vater liebte die Erde und all ihre Geschöpfe. Die Erde war seine zweite Mutter. Die Erde und alles, was sie enthielt, war ein Geschenk von „See-see-am"..., und man dankte diesem großen Geist, indem man mit seinen Gaben achtungsvoll umging.

Ich erinnere mich, wie ich als kleiner Junge mit dem Vater den „Indian River" stromaufwärts fischte, und ich kann ihn jetzt immer noch sehen, als am frühen Morgen die Sonne aufging über dem Berggipfel...
Ich kann ihn am Rande des Wassers stehen sehen mit hoch über dem Kopf erhobenen Armen, dabei leise ausrufend: „Dank sei Dir, Dank sei Dir." Dies hinterließ einen tiefen Eindruck in meinem kindlichen Gemüt.

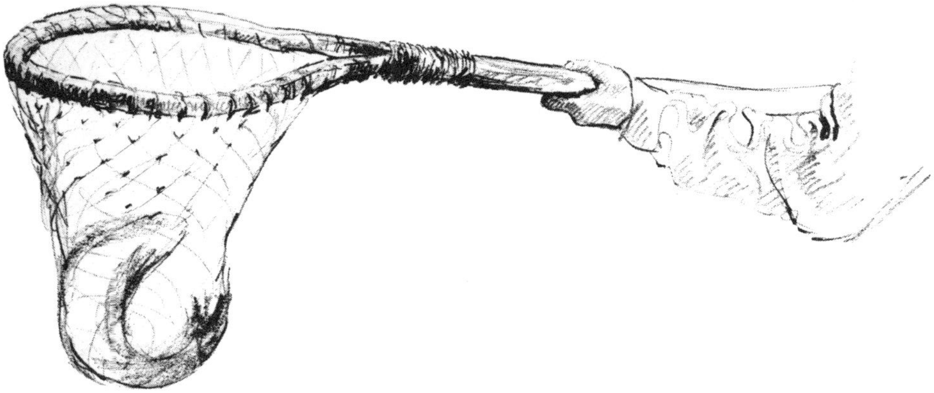

Und ich werde nie seine Enttäuschung vergessen, als er mich einmal dabei erwischte, als ich mit meinem Fischhaken „nur so aus Spaß" Fische fing. „Mein Sohn", sagte er, „der Große Geist gab Dir diese Fische als Deine Brüder, um Dich zu ernähren, wenn Du hungrig bist. Du mußt sie achten. Du darfst sie nicht töten, nur so aus Spaß."

Das war also die Welt, in die ich hineingeboren wurde, und für einige Jahre die einzige, die ich wirklich kannte und auskostete. Aus diesem Grunde finde ich es schwer, viele der Dinge, die ich um mich herum sehe, zu akzeptieren.

Ich sehe, wie Menschen in „smoke houses" leben, die hundertmal größer sind als dasjenige, das ich kannte. Aber die Menschen in einem Apartment kennen nicht einmal ihre Nachbarn, und sie sind ihnen auch völlig gleichgültig.

Es ist auch schwer für mich, den tiefen Haß, den es unter den Menschen gibt, zu verstehen. Es ist schwer, eine Kultur zu verstehen, die den Tod von Millionen in vergangenen Kriegen rechtfertigt und die in diesem Augenblick Bomben herstellt, um eine noch größere Anzahl zu töten. Es ist schwer für mich, eine Kultur zu verstehen, die mehr für Kriege und Mordwaffen ausgibt als für die Erziehung sowie Wohlfahrt und Entwicklungshilfe.

Es ist schwer für mich, eine Kultur zu verstehen, die nicht nur ihre Brüder haßt und bekämpft, sondern die sich sogar an der Natur vergreift und sie mißbraucht. Ich sehe, wie meine weißen Brüder hergehen und die Natur in ihren Städten völlig zerstören. Ich sehe, wie sie die Hügel kahlschlagen und häßliche Wunden auf den Bergen hinterlassen. Ich sehe, wie sie Dinge aus dem Schoß der Mutter Erde herausreißen, als ob sie ein Ungeheuer wäre, das sich weigert, ihre Schätze mit ihnen zu teilen. Ich sehe, wie sie Gift ins Wasser werfen, gleichgültig dem Leben gegenüber, das sie dort töten; und sie ersticken die Luft mit tödlichen Dünsten.

Mein weißer Bruder macht vieles gut, denn er ist klüger als mein Volk, aber ich frage mich, ob er denn richtig zu lieben weiß. Ich frage mich, ob er überhaupt jemals gelernt hat zu lieben. Vielleicht liebt er nur die Dinge, die sein eigen sind, aber hat niemals gelernt, die Dinge zu lieben, die außerhalb und jenseits seiner selbst liegen. Und dies ist freilich überhaupt keine Liebe, denn der Mensch muß alle Schöpfung lieben, oder er wird nichts davon lieben. Der Mensch muß voll und ganz lieben, oder er wird zum niedrigsten aller Geschöpfe werden. Ist es doch die Macht der Liebe, die ihn zum größten von allen macht... denn er allein unter allen Geschöpfen ist der Liebe fähig.

Die Liebe ist etwas, was wir, Du und ich, zu eigen haben müssen. Wir müssen von ihr ganz erfüllt sein, denn unser Geist wird von ihr genährt. Wir müssen sie haben, denn ohne sie werden wir schwach und kraftlos. Ohne die Liebe wird unsere Selbstachtung geschwächt. Ohne sie verlieren wir den Mut. Ohne die Liebe können wir nicht mehr mit Zuversicht in die Welt blicken. Statt dessen wenden wir uns nach innen und beginnen, von unserer eigenen Persönlichkeit zu zehren, und nach und nach zerstören wir uns dann.

Du und ich, wir brauchen die Kraft und die Freude, die aus der Erkenntnis entspringt, daß wir geliebt werden. Das gibt uns schöpferische Kraft. Dadurch schreiten wir unermüdlich voran. Damit – und allein damit – sind wir imstande, uns für unsere Nächsten aufzuopfern.

Es gab Zeiten, in denen wir alle ganz dringend eine beruhigende Hand auf uns fühlen wollten... Es gab einsame Zeiten, in denen wir uns so sehr nach einem starken Arm, der uns umfaßte, sehnten... Ich kann nicht ausdrücken, wie ich die Gegenwart meiner Frau zutiefst vermisse, wenn ich von einer Reise zurückkehre. Ihre Liebe war meine größte Freude, meine Stärke, mein größter Segen.

Ich fürchte, daß meine Kultur der eurigen wenig zu bieten hat. Aber meine Kultur hat die Freundschaft und die Geselligkeit hochgeschätzt. Das Zurückgezogensein hielt sie nicht für etwas, an dem man um jeden Preis festhalten sollte, denn das Für-sich-allein-Leben errichtet Trennmauern, und Trennmauern fördern das Mißtrauen. Meine Kultur lebte in großen Familiengemeinschaften, und von klein auf lernten die Menschen, miteinander zu leben.

Meine Kultur legte keinen Wert auf das Anhäufen von privater Habe; in der Tat galt bei meinem Volk das Horten als etwas Schändliches. Der Indianer erachtete alles in der Natur als ihm gehörig, und er war bereit, es mit anderen zu teilen und nur das zu nehmen, dessen er bedurfte.

Jedermann liebt es, zu geben und zu erhalten. Niemand möchte immer und jederzeit nur bekommen. Wir haben viel von eurer Kultur angenommen... Ich wünschte, ihr hättet auch etwas von unserer Kultur übernommen, denn es war manch Schönes und Gutes darin.

Bald wird es zu spät sein, meine Kultur kennenzulernen, denn wir stehen vor der Integration, und bald werden wir keine Werte mehr haben außer euren. Viele unserer jungen Menschen haben bereits die alten Wege vergessen. Und viele wurden durch Spott und Verachtung dazu gebracht, sich ihrer indianischen Art zu schämen. Meine Kultur ist wie ein verwundetes Reh, das sich im Wald verkroch, um allein zu bluten und zu verenden.

Das einzige, was uns noch helfen kann, ist die echte Liebe. Ihr müßt uns aufrichtig lieben, müßt Geduld haben mit uns und mit uns teilen. Und wir müssen euch lieben – mit einer wahren Liebe, die vergißt und vergibt... eine Liebe, die die schrecklichen Leiden verzeiht, die eure Zivilisation uns gebracht hat, als sie über uns hinwegrollte wie eine Woge, die gegen einen Strand tost... mit einer Liebe, die vergißt und den Blick erhebt und in euren Augen einen liebevollen Widerstrahl des Vertrauens und Annehmens sieht.

Das ist Brüderlichkeit... alles, was weniger ist, ist des Namens nicht würdig.

Ich habe gesprochen.

Man sagt, daß wir unsere Gefühle nicht zeigen.
Dem ist nicht so.

Alles ist verinnerlicht,
wo aus dem Herzen der Reichtum unserer Gefühle schlägt.

Das Gesicht spricht
nur die Sprache vergangener Jahre.

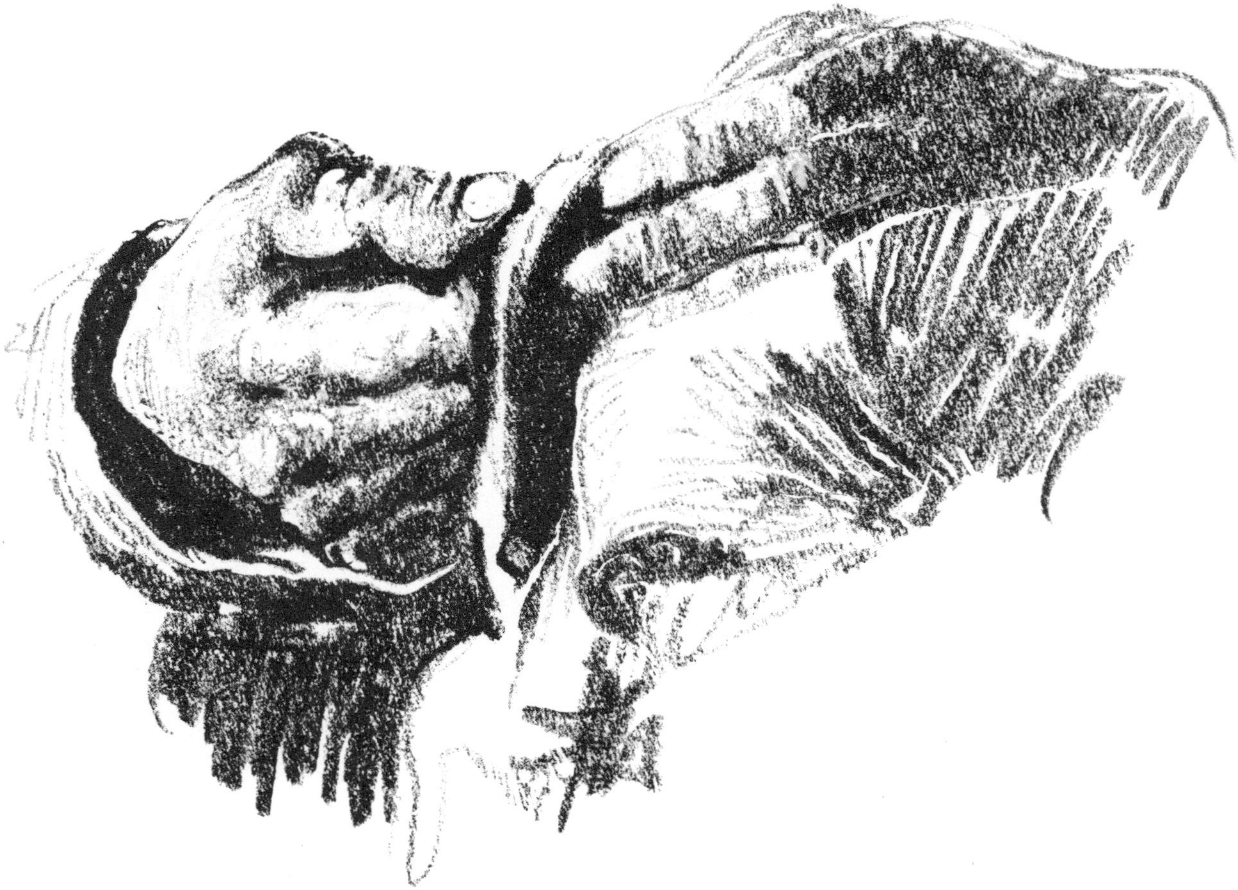

Fahre Auto,
sitz vor dem Fernseher,
und Deine Finger werden es schwierig finden,
sich ihrer Geschicklichkeit zu entsinnen.

**Schneller
schlägt die Trommel,
da die Geister
näherkommen.**

**Die Rassel bewegt sich
und wir tanzen.**

Zu vielen Ufern
bin ich in meinem Kanu gefahren,
oft gegen starke Winde.
Wähle den Baum gut, mein Bruder,
wenn er Dich zu fernen Ufern
bringen soll.

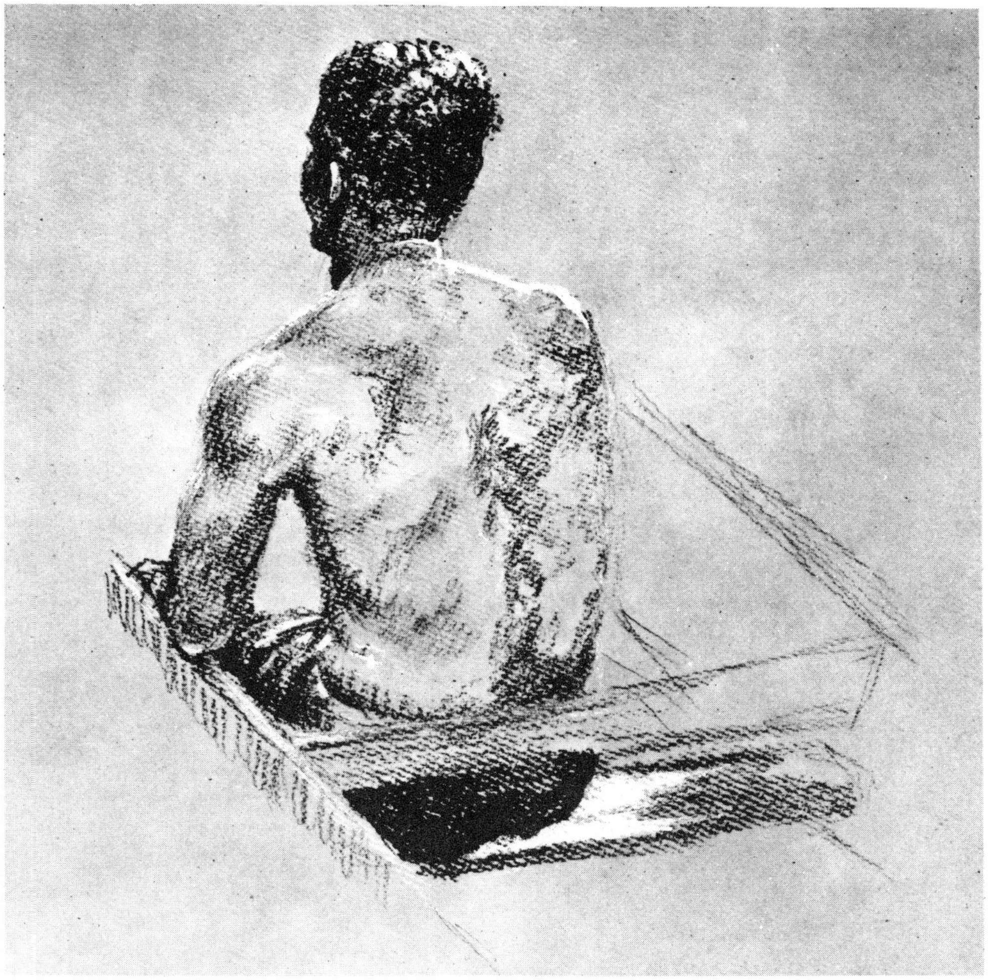

**Wenn ein Mann tut,
was er tun muß,
weiß er nicht,
was Zeit ist.**

Viele Stunden saß ich
auf den Stufen vor meinem Haus,
und während ich schnitzte,
fühlte ich die Natur
und fühlte das Pulsieren ihres Lebens.
Doch die vorbeigehenden Fremden
dachten, ich sei faul.

Wir alle wandern durch das Leben,
vereint durch die Bande der Schöpfung,
und werden Brüder
aus Dankbarkeit.
Wir haben für vieles zu danken.
Laßt jeden von uns
zum selben Höchsten Wesen
sprechen auf seine eigene Weise.

Ein Mann, der nicht Dank sagen kann
für die Nahrung, die er ißt,
wandelt ohne die Segnungen der Natur.

Einst wußten die Menschen in Eintracht zu leben,
nun erreicht die Stille der Natur
nur mehr wenige.

Es gibt viele, die schauen,
doch nur einige, die sehen.

Die Erde ist heilig,
gesegnet sind die Füße, die auf ihr gehen.

Wenn die Legenden verstummen,
wer wird dann den Kindern
unsere Wege lehren?

Wenn ein Mensch sich in aller Stille hinsetzt,
um den Lehren seines Geistes zu lauschen,
wird vieles zu ihm kommen
an Wissen und Verstehen.
Wir hatten es so viel besser,
denn nie brauchten wir uns
auf andere Weise mitzuteilen
denn durch Gedanken oder Wort.

Dies allein wird nicht mehr möglich sein.

Unsere Zahl hat sich verringert, und bezahlt haben wir
für unsere Vergangenheit mit Trauer und Schmerz.
Jede Generation der Urbevölkerung hatte
ihren Anteil daran.

Wir haben viel gelitten,
nun laufen wir Gefahr, alles zu verlieren,
wenn wir nicht bewahren, was noch übrig ist
aus den Tagen unserer Ahnen.

Um das zu tun, genügt das gesprochene Wort nicht.

Wenn sich ein Gedanke formt,
braucht er viel Zeit, um zu gedeihen.
Das Schweigen zwischen den gesprochenen Worten
war immer ein Zeichen des Überlegens.
In diesen neuen Zeiten einer modernen Welt,
wo alles einen Preis bekam,
ist das Schweigen Zeit geworden.
Ungenutzte Zeit
ist nun vergeudete Zeit,
sagt man uns doch:
„Zeit ist Geld."

Es ist jetzt schwieriger, jemanden zu finden,
der zuhört, doch jedermann liest.
Wir müssen deshalb schreiben über unsere Wege,
unseren Glauben, unsere Sitten und Gebräuche,
wie wir die Dinge sehen und warum,
wie wir lebten und wie wir nun leben.

Um dies zu tun, brauchen wir die Alten und die Jungen.

Bald wird es viele Bücher geben,
die von unseren Wegen erzählen
und die vielleicht sogar die beschämen,
die uns für geringer erachten,
nur weil wir anders sind.
Denen, die an die Macht des geschriebenen Wortes glauben,
werden diese Bücher unseren kulturellen Wert verkünden.
So geschah es für andere Rassen
und ihre Lehren.
So werden auch unsere jungen Menschen
euch das wahre Bild unserer einheimischen Rasse aufzeigen
und die Verzerrungen aus dem Weg schaffen,
deren Opfer wir waren
für so lange Zeit.

Dann werden wir bei allem erfolgreich sein.
Von unseren Kindern werden diese Tapferen kommen,
die die Fackeln zu den Stätten tragen,
wo unsere Ahnen ruh'n.
Dort werden wir die Köpfe beugen
und das Lied ihrer Ehre singen.
Auf diese Weise wird sich die Lücke füllen
zwischen den alten und den neuen Wegen.

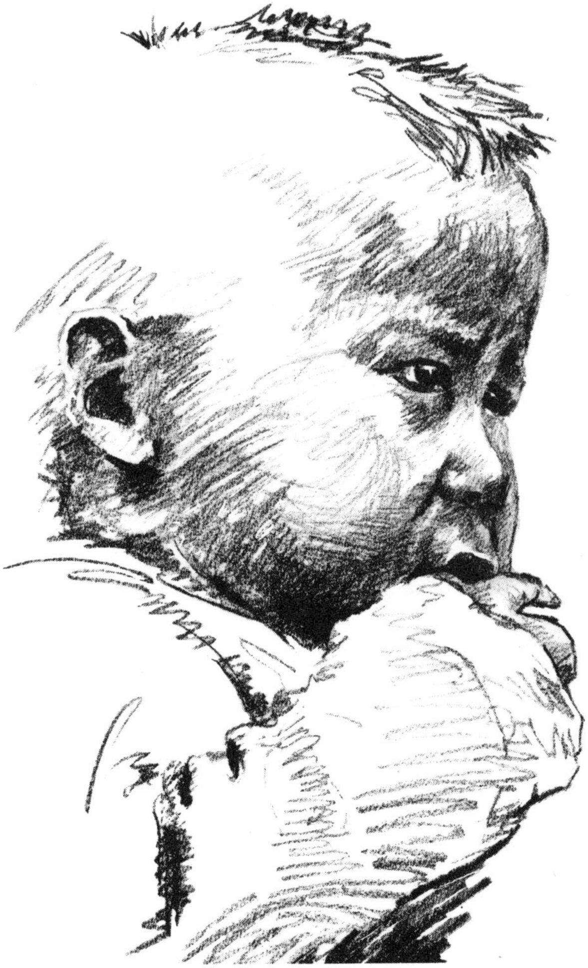

Die Alten und die Jungen
sind dem Leben am nächsten.
Sie lieben jede Minute
von Herzen.

**Wenn die ganz Alten
sich der Erinnerung hingeben,
hören die ganz Jungen zu.**

Bewahre etwas Glut
von dem Feuer,
das in Deinem Dorf zu brennen pflegte,
eines Tages kehr zurück,
damit alle sich versammeln
und eine neue Flamme entfachen können
für ein neues Leben
in einer veränderten Welt.

Wandle leise,
folge meinen Schritten,
bis wir uns im Morgengrauen treffen.

Steh still, laß Deine Lippen ein Loblied singen
auf die neu erwachende Sonne.

Ich habe Dich gekannt
als Deine Wälder noch meine waren;
als sie mir mein Fleisch gaben
und meine Bekleidung.
Ich habe Dich gekannt
in Deinen Strömen
und Flüssen,
wo Deine Fische blitzten
und tanzten in der Sonne,
wo das Wasser sagte: „Komm,
komm doch und iß von meinem Überfluß."
Ich habe Dich gekannt
in der Freiheit Deiner Winde.
Und mein Geist,
gleich dem Wind,
durchstreifte einst Dein gutes Land.

Jahrtausendelang
sprach ich die Sprache des Landes
und lauschte seinen vielen Stimmen.
Ich nahm, was ich brauchte,
und fand, daß es reichlich gab für jeden.
Die Flüsse waren klar und voller Leben,
die Luft war rein und erfüllt
vom Schlagen unzähliger Flügel.
Auf dem Land gab es Tiere im Überfluß.
Ich schritt aufrecht und stolz
im Bewußtsein des Reichtums meines Volkes,
den Segen des Höchsten Geistes empfindend.

Ich lebte in der Bruderschaft aller Geschöpfe.
Ich maß den Tag
nach der Sonne Reise quer über den Himmel.
Die Rückkehr des Lachses,
das Paaren der Vögel zum Nesterbau'n
erzählten vom Verlauf des Jahres.
Zwischen dem ersten und letzten
Lagerfeuer des Tages
suchte ich nach Nahrung,
bereitete ich Obdach,
Kleidung und Waffen,
und fand immer Zeit für ein Gebet.

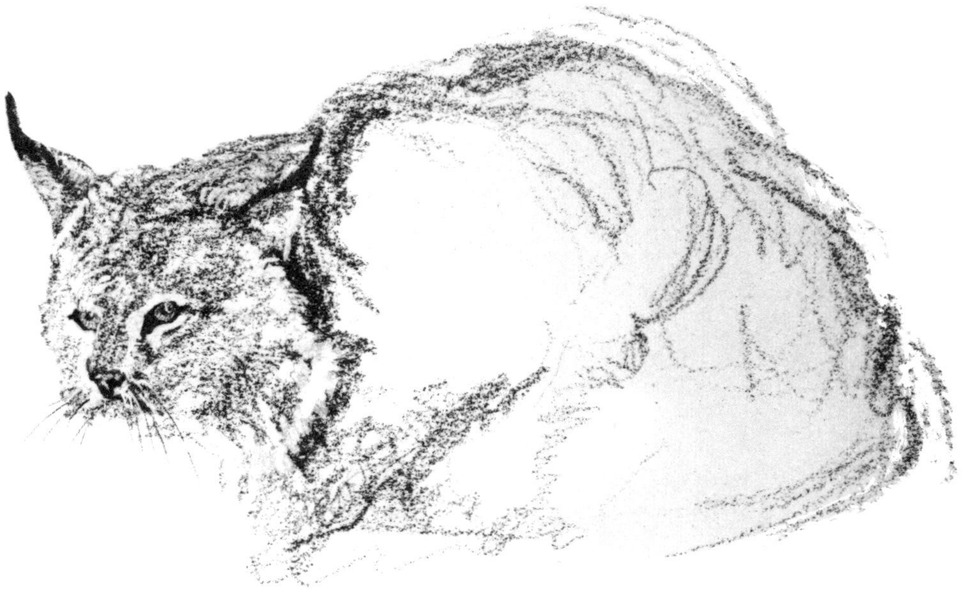

Die Weisheit und Wortgewandtheit meines Vaters
gab ich weiter an meine Kinder,
damit auch sie Glauben, Mut, Großzügigkeit,
Verständnis und das Wissen um die
richtige Weise zu leben erwürben.
So sind die Erinnerungen an einst!
Heute ist immer noch Harmonie in der Natur,
obwohl wir weniger Wildnis haben,
weniger Vielfalt an Tieren.
Weniger Menschen kennen die Höhle des Pumas
in den Hügeln, noch verfolgten ihre Augen
den Adler, wie er endlos seine Kreise
in die lauen Lüfte schreibt.

Die wilde Schönheit der Küste
und die Würze des Meeresnebels bleiben verborgen
hinter den Fenstern der vorbeifahrenden Autos.
Wenn des letzten Bären Fell abgezogen
und des letzten Widders Kopf präpariert
und mit Glasaugen versehen ist,
finden wir vielleicht darin
den Widerschein der heutigen Erinnerungen.
Nehmt euch in acht, oder bald werden sich eure Ohren
vergeblich bemühen, des Schöpfers Lied zu hören.

Wenn ich bete,
bete ich für alles Lebende.
Wenn ich Dank sage,
sage ich Dank für alles.

**Ein Mensch,
der in den Wäldern lebt
und auch dort stirbt,
weiß um das geheime Leben
der Bäume.**

Schau auf die Gesichter meines Volkes:
Du wirst den Ausdruck der Liebe und Verzweiflung,
der Hoffnung und Freude, der Trauer und Sehnsucht finden
und alle menschlichen Gefühle, die im Herzen
der Menschen aller Farben leben,
kennt doch das Herz nie die Farbe der Haut.

Nach des Winters Kälte
und eisigen Winden
strömt das Leben erneut empor
aus dem Schoß der Mutter Erde.
Und Mutter Erde schüttelt
die toten Halme wieder ab,
denn sie sind nutzlos.
An ihrer Stelle sprießen neue
und starke Schößlinge.

Schon zeigen sich Zeichen neuen Lebens
unter meinem Volke, nachdem unser trauriger Winter
vergangen ist. Wir haben unsere zerbrochenen Pfeile
und unsere leeren Köcher weggeworfen, denn wir wissen,
daß uns das, was in der Vergangenheit gedient hat,
nie wieder von Nutzen sein kann.

Kleine Dinge
sind wichtig;
weil sie klein sind,
sehen wir sie,
aber wir verstehen sie nicht.

Die Schönheit der Bäume,
die Milde der Luft,
der Duft des Grases,
sie sprechen zu mir.

Der Gipfel des Berges,
der Donner des Himmels,
der Rhythmus des Meeres,
sie sprechen zu mir.

Das ferne Licht der Sterne,
die Frische des Morgens,
der Tau auf der Blume,
sie sprechen zu mir.

Die Kraft des Feuers,
die Würze des Lachses,
die Bahn der Sonne
und das niemals vergehende Leben,
sie sprechen zu mir.

Und es jubelt mein Herz.

Die Erinnerung meines Volkes
reicht bis zum Anfang aller Dinge.

Eine wilde Rose
flüstert dem Eichhörnchen süße Dinge zu,
ein Kind liebt anfangs jeden.

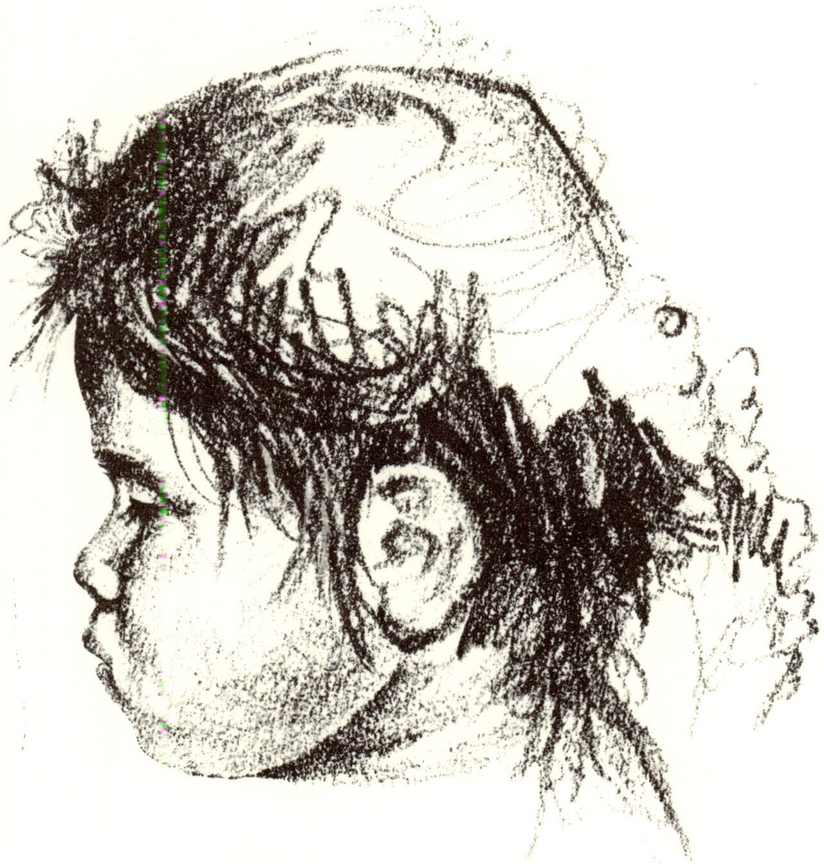

Im Herzen meines Volkes liegt eine Sehnsucht,
die Hand auszustrecken und das zu ergreifen,
was für unser Überleben notwendig ist.
Die Jungen meiner Nation sehnen sich danach,
für sich und die ihren die Fertigkeiten zu sichern,
die ihnen ein Wertgefühl und ein Ziel geben.
Sie werden unsere neuen Krieger sein.
Ihre Ausbildung wird viel länger und anspruchsvoller sein,
als sie in den alten Zeiten war.
Die langen Jahre des Lernens
werden mehr Entschlossenheit verlangen,
die Trennung von Heim und Familie wird Ausdauer erfordern.
Aber sie werden daraus mit ausgestreckter Hand hervorgehen,
nicht um Wohlfahrt zu empfangen,
sondern um den Platz in der Gesellschaft einzunehmen,
der uns rechtens gebührt.

Ich bin ein Häuptling,
aber meine Macht, Krieg zu führen, ist vergangen,
und die einzige Waffe, die mir geblieben ist,
ist die Rede. Nur mit Zunge und Wort kann ich den Kampf
meines Volkes ausfechten.

Oh großer Geist! Gib mir die Tapferkeit
der alten Häuptlinge wieder. Laß mich mit meiner Umgebung ringen.
Laß mich erneut in Harmonie mit meiner Umwelt leben.
Laß mich in Demut diese neue Kultur akzeptieren
und dadurch aufstehen und weitergehen.
Wie der Donnervogel von einst
werde ich mich wieder erheben aus der See;
ich werde die Erfolgsinstrumente des weißen Mannes ergreifen –
seine Ausbildung, seine Fertigkeiten.
Mit diesen neuen Werkzeugen
werde ich meine Rasse zum stolzesten Glied
eurer Gesellschaft machen.
Ich werde unsere jungen Tapferen und unsere Häuptlinge
in den Gesetzes- und Regierungshäusern sehen,
wo sie regieren und regiert werden
durch das Wissen und die Freiheiten
UNSERES großen Landes.

Das war ein gutes Gespräch!

Weitere Bücher zum Thema Nordamerika in unserem Verlag:

Bauer/Melters
Am Ende der Erde
Kirche im ewigen Eis
Auf der Suche nach der verschollenen Kirche in der Arktis brachten die beiden Verfasser einmalige Fotos und lebendige Berichte über Spuren der ersten christlichen Pioniere und über die Kirche der Eskimos mit.
115 S. mit ca. 120 Farb- und S/W-Fotos, gebunden, 21x26 cm.
Best.-Nr. 310114
DM 14,80

Maurice Metayer
Geschichten der Eskimos
25 Märchen und Legenden der Eskimos, die ein kanadischer Missionar bei seinen Reisen zum nördlichen Polarkreis auf Tonband sammelte. Es sind Geschichten der Eskimos (Inuit), die sie sich an den Abenden im Iglu erzählen.
120 S. mit 28 vierfarb. Illustr., 15x20 cm.
Best.-Nr. 310119
DM 12,90

George Clutesi
Sohn des Raben, Sohn des Rehs
Indianische Fabeln
Die Fabeln sind uraltes Erzählgut der Tse-Shaht-Indianer. Sie hatten und haben den Sinn, junge Menschen die vielen Wunder der Natur zu lehren und sie vor allem mit der engen Verwandtschaft zwischen Mensch und Tier vertraut zu machen.
Aus dem Englischen übersetzt von Herta Holle-Scherer.
105 S. mit 22 Illustr., broschiert, 14,5x21 cm.
Best.-Nr. 310134
DM 12,90